WORD 6.0 POUR WINDOWS

«L'informatique nouvelle vague»
Collection dirigée par Jean Pitre

Access Windows Version 1.1 Français
Amipro Windows Version 3.0 Français
Lotus 1-2-3 Windows Version 4.0 Français
Word Windows Version 6.0 Français
Quattro Pro Windows Version 6.0 Français
WordPerfect Windows Version 6.0 Français
Top 10 Macintosh
Top 10 IBM
Top 10 Windows

Claude Lafleur

WORD 6.0 POUR WINDOWS

Les Éditions
LOGIQUES

LOGIQUES est une maison d'édition agréée par les organismes d'État responsables de la culture et des communications.

Mise en pages: Iris Montréal Ltée

Les Éditions LOGIQUES inc.
1225, rue de Condé, Montréal (Québec) H3K 2E4
Tél.: (514) 933-2225 FAX: (514) 933-2182

WORD 6.0 POUR WINDOWS
© Les Éditions LOGIQUES inc.
Dépôt légal, 1ᵉʳ trimestre 1994
Bibliothèque nationale du Québec
Bibliothèque nationale du Canada
N° d'éditeur: LX-400

ISBN 2-89381-222-8

Imprimé au Canada

Table des matières

Introduction

Vous partez gagnant!

Vous venez de vous procurer la plus récente
version de Word pour Windows – la version 6.0.
Hélas, vous voilà aux prises avec de gros volumes:
«*Aperçu*» et «*Guide de l'utilisateur*» plus un
certain nombre de feuilles codées sur les bras.

Que faire ? Vous ne savez plus où donner de
la tête...

Rassurez-vous. Le petit livre que voici est
pour vous: il vous initiera facilement et
agréablement aux joies (et aux subtilités) du
logiciel Word. En fait, cet ouvrage est un livre de
contes – comme lorsqu'on était enfant! Il vous
raconte Word en vous présentant ce puissant
logiciel de traitement de texte de la façon la plus
simple et, surtout, la plus logique.

Dans cet ouvrage, nous vous présentons en effet les principales notions que vous devez connaître *dans l'ordre le plus utile pour vous*. Ainsi, au lieu de commencer par vous lancer toutes sortes de notions pêle-mêle au sujet du logiciel, nous avons choisi d'introduire les notions nécessaires au fur et à mesure que le besoin s'en fait sentir.

Pour ce faire, nous allons rédiger ensemble un petit texte, le travailler, le peaufiner puis en effectuer la mise en page et l'imprimer.

Installez-vous donc confortablement, devant votre ordinateur, et suivez le déroulement de la formidable petite histoire des premiers pas avec Word...

Chapitre 1

Avant de commencer:
Ce que vous devez avoir...
et savoir

Note: Si vous êtes déjà familiarisé avec les bases de l'informatique, vous pouvez sauter ce chapitre, ou du moins le parcourir en diagonale.

Comme toute belle histoire, nous devrions commencer par le classique: «Il était une fois...» Cependant, avant d'aller plus loin, nous allons convenir de certaines notions et établir quelques conventions!

Ainsi, pour pouvoir utiliser à bon escient ce petit manuel d'introduction à Word, nous prenons pour acquis que vous êtes muni des outils suivants:

1 Un ordinateur de type IBM doté d'un microprocesseur de calibre 386 ou supérieur, d'un disque dur ayant *au moins* 75 méga-octets (Mo) de mémoire (le logiciel Word pour Windows peut en requérir à lui seul jusqu'à 25 Mo!) et une mémoire vive d'une capacité minimale de 4 Mo (et de 8 Mo de préférence).

Si vous ne rencontrez pas ces paramètres minimaux, sachez que vous éprouverez des problèmes dans le maniement du logiciel (lenteurs, incapacités de réaliser certaines opérations, frustrations, etc.).

2 Votre ordinateur est muni d'un minimum de logiciels – particulièrement Windows version 3.1 ou supérieure. Celui-ci est d'ailleurs déjà installé et nous espérons que vous avez les connaissances minimales pour le faire fonctionner.

3 Nous imaginons également que votre système est doté d'une souris et que celle-ci fonctionne bien; si tel n'est pas le cas, sachez que Word **peut** fonctionner sans souris, mais que vous ne serez alors pas en mesure de réaliser toutes les fonctions. Un bon conseil dans ce cas: munissez-vous au plus tôt d'une souris...

4 Nous considérons, évidemment, que vous vous êtes procuré un logiciel Word 6.0 pour Windows.

Toutefois, advenant que vous ne soyez pas équipé de la sorte, ce petit ouvrage vous sera néanmoins très profitable, car il vous donnera une bonne idée de l'utilité de Word pour Windows. Vous verrez si ce logiciel correspond bien à vos besoins et à vos attentes.

Conventions d'écriture

En outre, afin de faciliter la compréhension des commandes que nous allons vous présenter, nous emploierons les conventions d'écriture généralement admises.

Ainsi, les commandes que vous devrez taper au clavier sont identifiées en caractères **gras**. Lorsqu'une touche du clavier doit être employée, elle est appelée par son nom et mise entre crochets, c'est-à-dire < et >, et toujours en caractères **gras**. Lorsque deux touches sont réunies par le signe +, cela signifie que la première touche doit être maintenue enfoncée pendant qu'on appuie sur la seconde.

Exemples:

WIN **<Retour>** signifie que vous devez taper au clavier les lettres WIN puis appuyer sur la touche **<Retour>** (également appelée **<Enter>**.

<Alt+F1> signifie que la touche **<Alt>** doit être maintenue enfoncée *pendant* que vous pressez la touche **<F1>**.

En outre, vous verrez que Word comporte bon nombre de «boutons de fonction», qui ont justement l'apparence de boutons que l'on pourrait toucher. En conséquence, lorsque nous indiquerons un tel bouton, nous mettrons son nom entre crochets (par exemple: **[OK]**).

Souris ou clavier ?

Pour démarrer une fonction, vous pouvez généralement utiliser la souris ou l'activer à partir du clavier.

La différence entre ces deux méthodes est que la première peut être un peu plus lente (selon votre habileté à manier la souris), mais elle n'exige pas que vous vous souveniez où se trouve la fonction désirée. La deuxième façon – en tapant directement la fonction sur le clavier –, nécessite que vous vous rappeliez quelle touche actionne cette fonction; en d'autres mots, de répondre à la question: «Sur quelle fonction dois-je appuyer lorsque je veux... imprimer ?»

Quelle méthode devriez-vous utiliser ?

Cela dépend de vous et de l'utilisation que vous prévoyez faire de Word. Si vous envisagez d'utiliser quotidiennement ce logiciel, ce serait une bonne idée de prendre l'habitude d'actionner les fonctions à partir du clavier. Vous développerez ainsi des réflexes; éventuellement, vous actionnerez vos fonctions sans même y penser. (Remarquez que l'on fournit avec ce logiciel un aide-mémoire pratique, c'est-à-dire une feuille cartonnée rappelant les principaux codes de fonction – placez-la bien en vue!)

Par contre, si vous n'utilisez ce logiciel de traitement de texte qu'à l'occasion, il sera probablement peu utile pour vous de mémoriser les touches de fonction, car vous risquez d'oublier où elles se trouvent d'une fois à l'autre.

Évidemment, mémoriser les fonctions est une chose relativement exigeante. C'est un peu comme apprendre le doigté du clavier. Si vous tapez peu de texte, vous pouvez n'utiliser que votre index droit; par contre, si vous tapez constamment, il est plus rapide de vous servir de vos dix doigts. Au début, vous perdrez du temps à apprendre le doigté, mais à la longue vous en gagnerez...

Notez bien que vous pouvez généralement vous servir de la souris *ou* du clavier: c'est-à-dire que, selon vos préférences du moment, vous pouvez tantôt actionner certaines fonctions à partir du clavier puis à l'aide de la souris ou vice versa. Vous pouvez même très bien combiner les deux approches: ainsi, vous lancerez une fonction à l'aide de la souris et vous réaliserez les opérations à partir du clavier. Tout est possible et selon vos préférences.

Le clavier et quelques touches à connaître

Parlons brièvement du clavier, histoire de bien se comprendre.

Comme vous l'avez sans doute constaté depuis longtemps, votre clavier se divise en trois ou quatre sections (selon que vous disposiez d'un clavier «normal» ou «étendu»).

La section la plus visible est celle des touches alphabétiques et numériques. De part et d'autre de celles-ci se trouvent quelques touches fort importantes.

Du côté gauche (normalement), on trouve:

- **<Maj>** (ou **<Shift>** sur un clavier anglais); cette touche sert à mettre en majuscule des lettres ou à actionner certaines fonctions.

- **<CapsLock>**: lorsqu'on enfonce celle-ci, toutes les lettres qu'on tape par la suite sont automatiquement mises en majuscule (sauf si on actionne la touche **<Maj>**; les caractères s'inscrivent alors en minuscule). Pour désactiver la fonction **<CapsLock>**, il suffit d'y toucher à nouveau.

- **<Tab>** actionne les tabulateurs (voir le chapitre 5).

En bas, de part et d'autre de la grande **Barre d'espace**, on trouve les touches **<Alt>** et **<Ctrl>**, appelées respectivement «Alternate» et «Control», qui servent à actionner certaines fonctions.

À droite du clavier alphabétique, on trouve (généralement):

- une autre touche **<Maj>** (ou **<Shift>**).

- **<Retour>** (ou **<Enter>**) qui sert soit à mettre fin à une ligne d'écriture ou, dans le cadre de

questions ou de fonctions, à accepter la
réponse suggérée.

• **<Backspace>**, qui sert à effacer ce qui est
(généralement) à la gauche du Curseur.

Les deux autres portions du clavier sont:

• Le clavier numérique (situé à l'extrême droite)
qui s'utilise comme le clavier d'une cal-
culatrice;

• et la section des fonctions, c'est-à-dire les
touches **<F1>** à **<F10>** ou **<F12>**; ce sont des
fonctions dont nous allons souvent parler. Ces
touches s'utilisent seules ou de concert avec
<Maj>, **<Ctrl>** et **<Alt>**.

Notez que les claviers étendus sont également
pourvus de deux autres petites sections:

• les touches fléchées qui permettent de déplacer
le Curseur dans autant de directions;

• et la section des touches **<Insert>**, **<Delete>**,
<Home>, **<End>**, **<Page Up>** et **<Page
Down>** dont nous allons parler au Chapitre 8.

Le clavier comprend également d'autres touches,
«moins importantes» toutefois...

Petit truc:

- Une touche fréquemment utilisée en informatique, mais nulle part ailleurs, est la barre oblique inversée: \. Selon le logiciel que vous utilisez, il se peut que celle-ci n'apparaisse pas sur votre clavier. Vous pourrez alors recourir à l'une ou l'autre des méthodes suivantes:

- Enfoncez la touche **<Alt>** qui se trouve <u>à la droite</u> de la **Barre d'espace,** puis la touche à l'*extrême gauche* du chiffre 1 du *clavier alphabétique* (donc à l'extrême gauche du clavier principal). Vous obtiendrez alors la fameuse barre oblique inversée (\).

ou

- Enfoncez l'une ou l'autre des touches **<Alt>** et tapez le chiffre 92.

Le Curseur

Un autre terme que nous employons fréquemment: le **Curseur.** Il s'agit bien entendu du petit point qui clignote à l'écran. C'est, en quelque sorte, la pointe de votre plume.

Évidemment, sa position est cruciale dans la réalisation de bien des opérations. En conséquence, **deux notions sont très importantes à retenir lorsqu'on utilise Word:**

1 Le **Curseur** «voit» à sa gauche, c'est-à-dire que si vous voulez effacer une lettre, vous devez placer le **Curseur** juste à la droite de cette lettre (et non sur elle);

2 Lorsque vous mettez des fonctions en action, celles-ci s'amorcent à partir de la position où se trouve le **Curseur**. **Retenez bien cette notion, car cela vous évitera bien des frustrations**!

Ainsi, par exemple, si vous désirez modifier les marges de la page et que vous le faites alors que le **Curseur** se trouve quelque part dans la page, vous verrez que les marges seront modifiées seulement à partir de l'endroit où se trouve ce curseur. Donc, pour faire des changements qui concernent *toute* la page dans laquelle vous travaillez, placez le **Curseur** au début de celle-ci. Par contre, si vous voulez faire un changement à partir d'un endroit précis (par exemple, changer le style de caractères), prenez alors soin de vous placer au bon endroit...

Vous pouvez déplacer le **Curseur** à l'aide des touches fléchées (vers le haut, vers le bas, à gauche et à droite). Mais attention toutefois:

lorsqu'il n'existe aucun texte ni espace (comme c'est le cas lorsqu'on est au début d'une session de travail), on ne peut déplacer le **Curseur**!

Pour vous amuser à le déplacer dans une page blanche, tapez une bonne quantité d'espaces (grâce à la **Barre d'espace**) et faites des lignes blanches (en tapant plusieurs fois la touche **<Retour>** / **<Enter>**).

* * * * *

Ceci étant dit, nous voici maintenant en mesure de commencer.

Chapitre 2

Les difficultés qui vous font peur

Assis devant votre clavier, pour la première fois seul avec votre ordinateur, vous avez peur...

Voilà qui est tout à fait normal. Cette machine est intimidante. Toute personne qui tapote pour la première fois sur un clavier d'ordinateur est impressionnée. «Il y a tant de touches... C'est si compliqué!»

Si vous êtes peu familier avec les ordinateurs, vous craindrez ceux-ci souvent et énormément. C'est normal puisque ces machines ont de quoi intimider.

Toutefois, n'ayez crainte: elles ne sont pas méchantes. Au contraire, ce sont des outils de travail formidables... et amicaux – lorsqu'on sait s'en servir, bien entendu!

Quand on dit que vous n'avez rien à craindre des ordinateurs, c'est que, en fait, il ne peut rien arriver d'irréparable avec eux. *Quelles que soient, en effet, les touches que vous actionnerez (volontairement ou par erreur), vous ne pourrez pas causer de dommages importants.*

D'ailleurs, chaque fois que vous risquerez une opération qui pourrait avoir des conséquences fâcheuses – par exemple effacer le texte sur lequel vous travaillez – l'ordinateur (ou plutôt, le logiciel) vous demandera si vous voulez bel et bien faire cela. Vous verrez, il vous demandera: «Voulez-vous effacer le texte ? **Oui   Non**». Évidemment, si c'est non, vous n'avez qu'à dire non (en tapant simplement n ou en déposant le pointeur de la souris sur **Non**).

Alors, n'ayez crainte de vous amuser avec votre ordinateur. N'ayez crainte d'essayer ce que bon vous semble, tâtez les fonctions que l'on vous propose. Amusez-vous car, même si vous vous trompez, même si vous touchez la (ou les) mauvaise touche, rien de bien terrible ne peut se produire (tout au plus de petits désagréments).

À quoi sert un traitement de texte ?

Voilà la question que se pose toute personne qui n'a jamais utilisé un système de traitement de texte. Instinctivement, on pense qu'un ordinateur est une sorte de machine à écrire... beaucoup trop compliquée!

Détrompez-vous. Un ordinateur n'a rien à voir avec une «machine à écrire». Oubliez d'ailleurs toutes les notions que vous avez apprises en dactylographiant (hormis bien sûr votre doigté, qui est le même).

Les seuls points en commun entre une machine à dactylographier et un système de traitement de texte s'observent lorsqu'on tape initialement le texte (et même là, les différences sont déjà très grandes, comme vous le verrez au chapitre 5).

Ce qu'il faut garder à l'esprit c'est que, comme son nom l'indique, un système de traitement de texte sert justement... à *traiter* le texte, c'est-à-dire à le *manipuler* au gré de vos besoins et à en faire une présentation digne d'un imprimeur. De plus, un logiciel tel que Word vous offre quantité d'outils, dont des dictionnaires d'orthographe, de synonymes, etc.

Ainsi, une fois que vous aurez tapé votre texte et qu'il apparaîtra à l'écran, vous pourrez en faire ce que vous voulez. Voilà la beauté de l'informatique: faire tout ce qu'on désire... en changeant mille fois d'idées. Vous pourrez en effet recommencer (ou peaufiner) votre travail tant que vous le désirerez; vous verrez, c'est facile et ça donne parfois des résultats étonnants de satisfaction.

Voici quelques exemples de manipulations que vous pouvez faire grâce à un logiciel de traitement de texte:

- retravailler votre texte à volonté (c'est-à-dire, ajouter ou effacer des mots, des phrases, des paragraphes, etc.);

- inverser l'ordre des mots, des phrases et des paragraphes;

- corriger vos erreurs de syntaxe et d'orthographe (grâce notamment à un dictionnaire informatisé intégré à ce logiciel);

- disposer votre texte à votre guise; par exemple le disposer en colonnes bien droites (comme dans les pages d'un magazine);

- ajouter ou enjoliver votre texte à l'aide de tableaux, de graphiques ou d'illustrations créés (ou «importés»).

Grâce à un logiciel de traitement de texte tel que celui-ci, vous êtes à la fois un auteur, un monteur de page, un artiste, etc. Évidemment, l'ordinateur ne peut pourvoir au talent, au souci du travail bien fait et à l'intelligence; ce sont là des qualités humaines qu'aucune machine ne peut imiter.

Savez-vous, en terminant, que de plus en plus de journaux, de revues et d'ouvrages sont conçus uniquement à l'aide de logiciels tels que Word ? En effet, ce logiciel vous permet de faire à peu près tout ce que vous pouvez imaginer... et même davantage.

* * * * *

Maintenant que vous avez une idée générale de ce que nous ferons avec Word, nous sommes prêts à nous embarquer dans l'aventure.

Une notion est toutefois fort importante avant de commencer: il s'agit des fonctions d'aide (aux multiples facettes) que nous fournit Word. Celles-ci sont en effet si importantes – particulièrement pour quelqu'un qui *commence* à manipuler ce logiciel –, que nous avons jugé bon d'en parler avant même d'entrer dans Word.

Lisez donc attentivement le chapitre suivant même, et surtout!, si vous avez très hâte de commencer.

Chapitre 3

Les fonctions d'aide

Un logiciel de traitement de texte tel que Word est, à première vue, quelque chose de fort complexe. Vous aurez l'impression que vous devez retenir quantité de commandes et de codes aussi «ésotériques» les uns que les autres... Vous vous direz peut-être qu'il faut être brillant pour travailler avec un tel logiciel!

Rassurez-vous, ce n'est pas le cas. S'il est normal au début de trouver l'utilisation de Word quelque peu complexe, la situation change rapidement lorsqu'on fait appel à la fonction d'aide ?.

En effet, utiliser Word est simple et facile lorsqu'on appelle à l'aide! – c'est-à-dire lorsqu'on actionne la fonction d'aide ou le bouton sur lequel on trouve côte à côte le pointeur fléché et le point d'interrogation –,

tous deux apparaissant en haut et à droite de l'écran.

Pour accéder à Aide

Lorsque vous aurez installé le logiciel Word pour Windows sur votre disque dur et que vous y aurez accédé (voir les instructions au chapitre suivant), vous pourrez accéder au menu d'aide de la façon suivante:

À *l'aide de votre souris*

- Placez la flèche de la souris *sur* le menu ? et cliquez une fois.

À *partir du clavier*

- Pesez simultanément sur les touches **<Alt+?>**.

Apparaît alors le tableau des options d'aide:

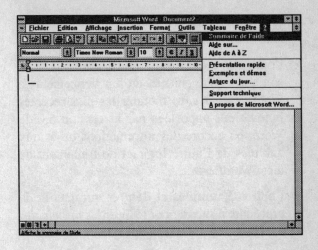

Vous découvrirez alors que la fonction **?** vous propose plusieurs façons de vous aider. Elle offre principalement les options suivantes:

- l'option **Sommaire de l'aide**, qui donne accès à un certain nombre d'explications générales;

- l'option **Aide sur...**, qui vous permet d'en savoir davantage sur un domaine ou une fonction que vous demanderez par son nom. Par exemple: tapez le mot «Imprimer» pour tout savoir sur la fonction d'impression;

- l'option **Aide de A à Z,** qui vous permet de consulter la liste alphabétique de toutes les fonctions et d'accéder par la suite aux explications de la fonction ou de la notion choisie en cliquant dessus;

- l'option **Présentation rapide**, qui vous offre soit une «visite guidée» du fonctionnement de Word, soit de vous montrer les plus récentes innovations apportées par la version 6.0 de Word, ou encore des informations utiles aux habitués de l'autre logiciel de traitement de texte WordPerfect;

- l'option **Exemples et démos**, qui détaille la procédure à suivre pour réaliser les *principales* opérations de traitement de texte.

Pour accéder à l'une ou l'autre de ces options, vous pouvez:

- Pointer l'option désirée avec votre souris et cliquer dessus.

- Appeler l'option désirée à partir du clavier, en tapant la lettre soulignée dans le nom.

    Par exemple: pour accéder à la visite guidée offerte par l'option **Présentation rapide**, appuyez sur **P**, puis choisissez **Mise en route**.

Note: Cette visite guidée vous donne un aperçu de ce que peut faire ce logiciel de traitement de texte. Toutefois, vous serez sans doute embêté par ce qui vous semblera être une quantité phénoménale de notions à apprendre... Ne vous en faites pas; regardez simplement la démonstration sans trop vous casser la tête; nous verrons, au cours des prochains chapitres, une bonne part des notions qu'on y explique. De surcroît, vous avez le loisir de refaire la visite guidée plus tard... c'est-à-dire lorsque vous serez plus familier avec Word. En conclusion: suivez le guide, sans vous en faire.

À l'aide!

L'un des charmes de la fonction d'aide est qu'on peut y recourir en tout temps, et qu'elle est alors très pertinente.

En effet, lorsque vous réaliserez une opération pour la première fois, il est quasi inévitable que vous vous posiez des questions. Vous pourriez même être embêté par les options que vous offrira Word.

Vos premiers réflexes seront d'être découragé et de vous dire: «Non mais, a-t-il fini de m'embêter! Je veux juste faire...»

Pas de panique: pressez plutôt l'un ou l'autre des «boutons de sauvetage», c'est-à-dire:

• le bouton ▱❓ qui se trouve en haut et à l'extrême droite de l'écran), ou

- la touche de fonction **<F1>** sur le clavier, ou

- le bouton d'aide que vous trouverez dans la plupart des menus que vous propose Word.

Note: Lorsque vous parcourrez les menus de Word, vous vous poserez sans doute mille et une questions au sujet des options qui y figurent. «Qu'entend-on par telle option? Comment fonctionne cette option?» Servez-vous alors du bouton ☐☒ selon la méthode suivante: *avant de faire quoi que ce soit d'autre*, cliquez sur ce bouton. Vous verrez s'en détacher un gros point d'interrogation. Ouvrez alors un menu et choisissez une option. Vous verrez apparaître toutes les explications qui s'y rattachent. Essayez cette méthode, vous verrez qu'elle est simple, claire... et instructive.

En vous servant régulièrement de la fonction d'aide – d'une façon ou d'une autre –, vous constaterez une chose merveilleuse: Word répond à vos questions (ou à celles qu'il vous pose!). Il vous explique de quoi il s'agit.

Nous devons cependant avouer qu'il y a un petit problème; il arrive fréquemment que ces explications soient... plus ou moins compréhensibles!

En effet, les explications que fournit Word font fréquemment appel à des noms de fonction et

42

d'option et à certains termes peu familiers. Vous serez par conséquent dérouté, surtout au début. Mais, de grâce, persistez: lisez et relisez attentivement le texte d'explication, prenez le temps de bien comprendre une à une les notions expliquées... Vous verrez, avec le temps, tout deviendra clair.

Visite guidée

Tel que mentionné précédemment, la fonction **Aide** vous offre de visiter le logiciel Word ou, en d'autres mots, de vous montrer le fonctionnement de quelques-unes des principales fonctions de ce traitement de texte. Vous verrez notamment comment on crée, on modifie et on conserve un texte, comment on recherche et on remplace des mots..., l'utilisation du correcteur d'orthographe, de la fonction d'impression, etc.

Pour accéder à cette visite guidée, choisissez l'option **Présentation rapide** dans le menu **?**, puis l'option **Mise en route** et suivez les indications données à l'écran.

Pour connaître davantage de notions importantes

Nous venons de faire le tour des principales utilisations de la fonction d'aide. Nous supposons que vous avez compris les principes d'utilisation et que vous pourrez continuer par vous-même votre exploration.

Évidemment, il y a plusieurs notions (fort utiles) que vous devriez connaître à propos de cette fonction. C'est pourquoi nous vous recommandons de parcourir fréquemment les options du menu d'aide et de consulter le manuel *«Aperçu»* qui accompagne votre logiciel Word 6.0 pour Windows.

* * * * *

Vous êtes à présent sur le point de pénétrer dans l'univers de Word pour Windows. Dans les chapitres qui ont précédé, nous vous avons donné les informations de base afin de vous préparer à faire face aux principales éventualités.

Il va de soi que nous n'avons pas envisagé toutes les questions et les nombreux problèmes que vous risquez de rencontrer à un moment ou à un autre de vos pérégrinations dans Word, mais nous pensons que vous êtes à présent équipé pour y faire face.

Car, outre les notions que nous vous avons transmises, vous pouvez consulter la fonction d'aide que nous vous avons recommandée, ainsi que le guide de formation et le manuel de référence qui accompagnent votre logiciel.

Chapitre 4

C'est un départ!

L'installation de *Word 6.0 pour Windows* est un véritable jeu d'enfant.

Vous devez d'abord allumer votre ordinateur et vous placer dans le logiciel Windows.

Note: Nous prenons pour acquis que ces opérations vous sont familières, que vous avez déjà installé Windows et que vous savez vous en servir. Si tel n'est pas le cas, référez-vous aux manuels appropriés.

Rappel: Pour lancer Windows, vous devez (normalement) vous placer à l'entrée du répertoire Windows et taper la commande WIN puis la touche **<Retour>** (ou **<Enter>**).

Exemple:

- Lorsque la mention C:\Windows> apparaît sur votre écran, tapez **WIN** .
- Vous obtiendrez donc: C:\Windows>win
- Faites **<Retour>.**
- Attendez quelques instants... et vous voilà dans Windows.

Pour installer Word:

- Placez la première disquette de ce logiciel (intitulée «Disquette 1 – Installation») dans l'un de vos lecteurs (dans le lecteur A ou dans le lecteur B).

- Sur l'écran, allez dans le menu «**F**ichier», ou «**F**ile» de Windows (qui se trouve en haut à gauche de l'écran) et, à l'aide de la souris, cliquez sur la fonction **<Exécuter>** (ou **<Run>** si votre version Windows est en anglais). Un écran semblable au suivant apparaîtra:

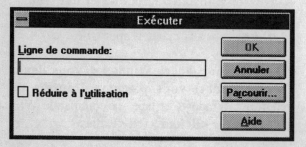

- Tapez A:\INSTALL (ou B:\INSTALL), puis cliquez sur **OK**.

- L'installation se fait alors automatiquement. Vous n'avez qu'à répondre aux questions qui surgiront de temps à autre. Si vous avez des problèmes particuliers, vous pouvez utiliser la fonction d'aide disponible ou vous référer au manuel *«Aperçu»*.

Note: L'installation prend plusieurs minutes (15/20 minutes), ne vous inquiétez donc pas. Au fur et à mesure que votre ordinateur a besoin de disquettes, il vous les demande. En outre, pour vous aider à passer le temps, le logiciel s'entretient avec vous! Vous verrez en effet de temps à autre défiler des informations.

L'installation de Word se fait facilement et vous voilà finalement prêt à monter à bord...

Premiers regards sur Word 6.0

Une fois le logiciel installé, vous revenez automatiquement à l'environnement Windows que vous connaissez. On vous demandera de vous réintroduire dans Windows, afin de permettre à celui-ci d'intégrer Word. Vous noterez alors un

changement important: une nouvelle boîte a été
créée: il s'agit bien entendu de celle contenant
Word 6.0. Cette boîte contient un certain nombre
d'icônes («petits dessins») qui représentent autant
de logiciels. L'icône la plus importante est celle
sous laquelle est inscrit «Microsoft Word». C'est
notre porte d'entrée dans Word.

Sans plus attendre, allons y jeter un coup d'oeil.

• Placez la flèche de la souris sur l'icône
  symbolisant Microsoft Word et cliquez *très*
  rapidement deux coups. Puis, tel qu'indiqué
  par le sablier, attendez quelques instants.

Normalement, lorsque vous entrez dans Word,
celui-ci affiche un petit texte intitulé «Astuce du
jour», qui est une sorte d'annonce d'une fonction

50

ou d'un petit truc qui pourrait vous être utile.
Après l'avoir lu, cliquez simplement sur le
bouton **[OK]** pour faire disparaître cette annonce.
(Si vous désirez éviter qu'une telle mention apparaisse à l'avenir, cliquez sur le crochet qui
apparaît dans la petite boîte située à gauche au
bas de l'écran et intitulée «Afficher les astuces au
démarrage».)

Vous verrez alors apparaître votre nouvel
environnement de travail. Prenez le temps de le
détailler: c'est grâce à lui que vous ferez des
miracles!

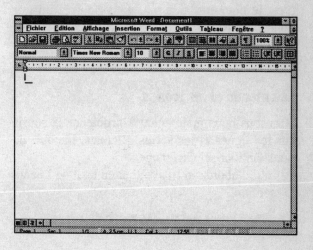

La majeure partie de l'écran est occupée par une section blanche (ou d'une autre couleur pâle, selon la configuration de vos logiciels). Voilà justement la feuille blanche sur laquelle vous écrirez.

La partie supérieure de l'écran est occupée par plusieurs lignes de mots clés et par de petits dessins: ce sont les fonctions que vous utiliserez. Ne vous inquiétez pas de leur grand nombre, car, afin de vous faciliter la vie, les mêmes fonctions sont représentées de plusieurs façons.

Remarquez immédiatement le bouton ⬛; c'est le bouton d'aide que vous pourrez utiliser pour tout savoir sur l'une ou l'autre des fonctions affichées dans les menus.

Les menus et les icônes

Amusons-nous maintenant à promener la souris sur les lignes et les séries d'icônes, histoire de nous familiariser davantage.

Tout d'abord, on trouve tout en haut de l'écran la mention:

Microsoft Word - Document1

Cette ligne indique le nom du fichier sur lequel vous travaillez (évidemment, dans le cas présent, il n'y en a aucun).

Sous cette ligne se trouve une série de neuf menus: **Fichier**, **Edition**, **Affichage**, **Insertion**, **Format**, **Outils**, **Tableau**, **Fenêtre** et **?**.

Ces menus donnent accès à toutes les fonctions de Word. On les fait apparaître:

- en mettant la flèche de la souris sur le menu désiré, puis en cliquant une fois dessus;

ou

- en actionnant la touche **<Alt>** et la lettre soulignée (par exemple **<Alt+f>** pour voir le menu **Fichier**).

Quand vous en aurez envie, prenez le temps de parcourir ces menus un à un afin de vous faire une idée des fonctions que chacun d'entre eux regroupe.

Regardez par exemple attentivement le premier menu: **Fichier**.

Fichier	Edition	Affichag
Nouveau...		Ctrl+N
Ouvrir...		Ctrl+O
Fermer		
Enregistrer		Ctrl+S
Enregistrer sous...		
Enregistrer tout		
Chercher...		
Résumé...		
Modèles...		
Mise en page...		
Aperçu avant impression		
Imprimer...		Ctrl+P
Quitter		

Vous constaterez que ce menu regroupe les fonctions qui servent à manipuler un fichier ou, autrement dit, un document. Ainsi, on y trouve la fonction permettant d'aller récupérer un document, ouvrir celle servant à sauvegarder le texte que nous venons d'enregistrer, etc.

Sortir de Word

Une question très importante que vous vous poserez tôt ou tard: «Comment mettre fin à ma session de travail avec Word ?» ou «Comment sortir de là ?»

Vous devez:

1 **Sauvegarder le texte que vous avez à l'écran (si nécessaire).** Pour ce faire:

   - Cliquez sur **Fichier** à l'aide de la souris, ou
   - Appuyez la touche <Alt> et la lettre f du menu **Fichier**. Donc: <Alt+f>.
   - Tapez «e» ou cliquez **Enregistrer**.

- Apparaît alors le tableau suivant:

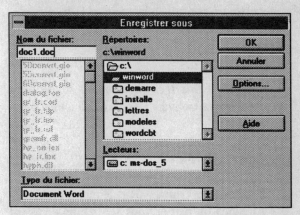

Regardez-le attentivement: au centre, une fenêtre suggère la série de répertoires existants, à savoir (normalement): C:, \winword et autres.

- Dans la petite fenêtre qui se trouve en haut et à gauche du tableau (là où clignote le **Curseur**), tapez le nom que vous désirez donner à votre fichier – par exemple: test puis actionnez la touche **<Retour>**.

Votre texte est désormais enregistré (normalement) sous le nom:

C:\Winword\test.doc

Note: Si vous désirez créer un nouveau répertoire: consultez la page 111 du guide «*Aperçu*».

2 Quittez Word.

- Cliquez *2 fois très rapidement* sur le petit carré qui se trouve à l'extrême gauche tout au haut de l'écran,

ou

- Tapez <Alt+F4>

ou

- Sélectionnez **Quitter** dans le menu **Fichier**;
- Attendez un peu et vous serez hors de Word (donc dans Windows). Pour sortir de Windows, répétez l'opération.

Les touches d'icônes

Revenons maintenant à l'écran de départ de Word.

Sous la ligne des menus, il existe deux séries d'icônes; il s'agit d'outils puissants qui permettent de réaliser rapidement les principales fonctions de Word.

En plaçant la flèche de la souris sur une icône, vous verrez apparaître, dans sa partie inférieure, un mot indiquant à quoi elle sert.

Par exemple, placez la flèche de la souris sur la première icône: vous devriez lire: «[Nouveau document]». On utilise cette fonction lorqu'on désire créer un *nouveau* document.

Déplacez la flèche d'une icône à l'autre et découvrez leur utilité. Vous verrez successivement apparaître les mentions: «[Ouvrir]» et «[Enregistrer]», puis «[Imprimer]», «[Aperçu avant impression]» et «[Orthographe]», puis «[Couper]», «[Copier]», «[Coller]».

Nous traiterons de ces fonctions au cours des chapitres suivants. Ne vous étonnez pas si, présentement, plusieurs des mentions que vous lisez vous semblent incompréhensibles... Avec le temps, graduellement, vous vous familiariserez avec la terminologie de Word et, surtout, avec ce qu'il vous permet de réaliser.

Si l'on continue notre visite de cette section très importante de Word, nous voyons vers la droite un rectangle clair dans lequel est (normalement) inscrite la mention «100 %». Cela indique la taille selon laquelle apparaît le texte à l'écran (présentement une feuille blanche). La note de «100 %» signifie que le texte apparaît dans sa grandeur réelle; vous pouvez le modifier de façon à faire apparaître la page complète (les lettres seront alors très petites) ou, au contraire, le faire grossir (à 200 %, par exemple).

Sur la ligne en dessous, on retrouve trois autres rectangles pâles. Dans le premier, on lit la mention «Normal». Si vous cliquez sur le petit bouton qui se trouve immédiatement à la droite de ce rectangle, apparaît une liste et l'on comprend alors qu'il s'agit du style de lettrage; Word nous propose en effet un style normal, mais également trois styles d'en-têtes et de sous-titres...

Le rectangle suivant indique le genre de caractères (cette boîte s'appelle d'ailleurs «Police»). En cliquant sur le petit bouton de droite, on voit apparaître les polices disponibles. La boîte suivante contient un chiffre; il s'agit de la taille des caractères, dont l'unité est le point. Le bouton de droite nous indique qu'on peut modifier cette taille.

Pour vous amuser, tapez quelques mots sur votre page blanche, puis changez le style du lettrage, le type de caractères et la taille de ces lettres. Chaque fois, constatez ce qui se produit à l'écran. (Nous discuterons de l'utilisation de ces fonctions ultérieurement).

Si on poursuit notre survol de la deuxième rangée des icônes, nous arrivons à un groupe de trois icônes dont la fonction apparaît évidente, puisque leur nom est respectivement: «[Gras]», «[Italique]» et «[Souligné]».

Le groupe suivant permet de disposer les lignes de notre (futur) texte selon les marges (voir «justification» au chapitre 7).

Immédiatement sous ces icônes, on observe ce qui ressemble à une règle. Il s'agit d'ailleurs bel et bien de cela: c'est la règle sur laquelle on pose, notamment, les taquets servant aux tabulateurs.

Prenons maintenant un exemple pour illustrer l'utilité de ces boutons. Nous avons expliqué précédemment la procédure pour **sauvegarder** un document en allant dans le menu **Fichier** (avec la souris ou à partir du clavier). Toutefois, grâce à l'une des icônes, vous pouvez directement accéder au tableau «Enregistrer sous».

> **Note**: Si vous n'avez présentement pas de document à l'écran, créez-en un en tapant simplement un ou deux mots.

- Placez la flèche de la souris sur l'icône .

- Cliquez un coup sur cette icône. Vous verrez apparaître le tableau «Enregistrer».

- Utilisez alors la procédure expliquée précédemment.

Vous constatez déjà que l'utilisation d'une icône simplifie un peu la vie. Lorsque vous aurez pris l'habitude d'identifier à quoi correspond chaque icône, vous en apprécierez leur utilité. Cela sera particulièrement le cas lorsque vous vous servirez des fonctions que nous traiterons aux prochains chapitres.

Regardez maintenant les quatre premières icônes.

- La première icône ⊞ sert à créer un document dans une nouvelle fenêtre. Cette fonction permet notamment de créer un document sur une autre feuille blanche tout en gardant à votre portée le document qui est actuellement affiché. C'est comme si vous travailliez avec deux feuilles.

- La deuxième icône ⊞ sert à récupérer un document existant. Ce sera normalement la fonction dont vous vous servirez pratiquement chaque fois que vous entrerez dans Word.

- La troisième icône ⊞ sert, comme nous venons de le voir, à sauvegarder le document sur lequel vous avez travaillé.

- La quatrième icône ⊞ sert à imprimer (voir chapitre 7).

Maintenant que nous commençons à être acclimaté à notre environnement de travail, nous allons faire nos premiers pas avec le logiciel de traitement de texte.

Permettez-moi, avant d'aller de l'avant, de placer trois commentaires.

1 L'utilisation de ce logiciel vous paraît sans doute, à l'heure actuelle, fort complexe. «Il semble y avoir tant de notions à apprendre!»

Vous avez raison... Mais ne vous en faites pas car, à partir de maintenant, tout commencera à devenir plus clair. En effet, nous sommes sur le point de commencer à faire des exercices qui éclaireront l'utilité de bien des notions que nous venons de voir.

2 N'ayez crainte de commettre des erreurs. Souvenez-vous que vous ne pouvez rien faire de grave. Rappelez-vous que *lorsque* vous serez sur le point de commettre une «grave» erreur (comme détruire le texte sur lequel vous travaillez si durement), l'ordinateur vous demandera avec insistance si c'est réellement cela que vous désirez. Restez alors calme, prenez le temps de réfléchir, car l'ordinateur attendra votre réponse – il attendra aussi

longtemps que vous ne lui aurez pas dit oui ou non.

3 Souvenez-vous, finalement, qu'en cas de doute, vous pouvez toujours recourir au menu **?** et/ou au bouton ▢ .

Alors, prêt à commencer ?

Chapitre 5

Amusons-nous un peu

Pour véritablement goûter aux délices du traitement de texte, il faut bien entendu avoir un texte sous la main. Trois possibilités s'offrent à vous:

- vous pouvez taper votre propre texte;

- vous pouvez récupérer un texte sur ordinateur (s'il en existe un quelque part), auquel cas vous utiliserez la fonction **Ouvrir** du menu **Fichier**;

- ou vous pouvez copier le texte suivant. Tapez-le tel quel, en ne corrigeant surtout pas les fautes ni les erreurs que vous trouverez. Nous nous en occuperons par la suite...

Note: Tapez le texte sans changer de ligne (en d'autres mots: n'actionnez jamais la touche **<Retour>**).

Nous vous suggérons fortement de choisir la troisième option, c'est-à-dire de taper notre petit texte, car c'est avec lui que nous ferons tous les exercices.

Texte à taper

Les joies de l'informatique...

Les fervents de l'informatique font quantité d'affirmations, aussi extraordinaires les unes que les autres. Ils disent, à qui veut bien les écouter,que l'informatique c'est extraordinaire. Or, toute personne qui commence à manipuler un ordinateur ne peut faire autrrrement que de maugréer ou de poser des gestes indécents. (De grâce, ne tapez par sur la machine ni sur le clavier, tapez plutôt du pied, car l'ordinateur est une machine très sensible... et rancunière). Toujours est-il, donc, qu'il est inévitable de rencontrer des problèmes au départ; le plus frustrant, c'est que, dans les manuels d'informateurs que vous avez à votre portée (aussi volumineux soientils), on ne parlera pas de votre problème. Vous aurez beau chercher en parcourant les livres de référence les uns après les autres, vous ne trouverez pas la réponse à votre problème. C'est comme si votre difficulté était si insignifiante que les spécialistesmême les plus tordusne se sont pas donnés la peine d'y songer. Pourtant votre problème est grave: il vous empêche absolument d'aller plus loin: votre ordinateur ne veut plus rien savoir! Heureusement, trois solutions s'offrent à vous. La première, la plus évidente, est de vous référer à un ami informaticien, un gars ou une fille qui connaît ça! (Vous constaterez qu'il vous répondra probablement en souriant (pour ne pas dire en riant), car lui aussi est passé par là. Attention, toutefois, de ne pas le déranger trop souvent (surtout la nuit). Troisième façon de résoudre vos problèmes (du moins temporairement): ouvrez la fenêtre de votre bureau et jetez votre machine en bas! Vous verrez, ça soulage. Mais attention aux conséquences. La deuxième solution consiste pour vous à réfléchir, mais d'abord à retrouver votre calme et à vous demander ce qui ne vas pas. Dites-vous, car c'est la vérité, que l'ordinateur est une machine hyper logique (même si parfois ce n'est pas évident). Logiquement vous devriez trouver la solution...

Fin du texte à taper

Effacement de lettres et de mots

En recopiant le texte, vous avez probablement commis vous-même des fautes, qui s'ajoutent à celles que nous avons *intentionnellement* laissé passer. Ce n'est pas grave – bien au contraire – car l'avantage premier d'un logiciel de traitement de texte est justement d'offrir la possibilité de corriger un texte tant qu'on le désire.

Ainsi donc, relisez-le attentivement et corrigez les fautes que vous y trouverez.

Note: Ne faites que les *petites* corrections – principalement d'orthographe –, on s'occupera des autres ultérieurement.

Pour corriger les fautes, vous pouvez effacer une lettre ou un mot, puis la ou le réécrire à nouveau. Voici comment procéder:

• Placez le **Curseur** immédiatement *à la droite* de la lettre ou du mot à effacer en cliquant à l'endroit en question.

• Appuyez sur la touche **<Backspace>** (qui se trouve en haut à droite du clavier alphabétique). Constatez qu'à chaque fois que vous tapez sur **<Backspace>**, une lettre située à la gauche du **Curseur** disparaît. Remarquez également que le texte suivant le mot (donc à droite) se déplace lui aussi, comme pour combler le vide ainsi créé.

Réécriture / réinsertion de lettres ou de mots

Par la suite, à l'endroit où vous avez laissé le **Curseur**, vous pourrez à nouveau réinsérer des lettres et écrire des mots. Écrivez par exemple ce que vous venez d'effacer, mais sans faute cette fois!

Restituez ce que vous venez d'effacer

Si vous effacez quelques lettres ou quelques mots en trop, vous pouvez les récupérer immédiatement! Pour ce faire:

- • Accédez au menu **Edition** via la souris ou en faisant <**Alt+e**>.

- • Choisissez l'option **Annuler Frappe** et cliquez dessus. Vous verrez alors réapparaître les dernières lettres ou mots que vous aviez tapés.

Deux remarques s'imposent ici:

1 Vous pouvez réaliser les mêmes opérations en cliquant directement sur l'icône ▨▨.

2 Si vous avez effacé plusieurs séries de lettres/mots, Word les garde en mémoire; vous pouvez donc les restituer à volonté. Attention toutefois à la position du **Curseur**; faites en sorte qu'il soit placé au bon endroit lorsque vous demandez une restitution...

Donc, lorsque vous aurez le doigt «trop pesant», recourez à cette fonction. Celle-ci sert non seulement à restituer du texte, mais également à refaire des commandes ou autres tâches d'édition (voir à cet effet les explications fournies par les fonctions d'aide.

Relisez le texte attentivement et apportez-y les petites corrections que vous jugerez nécessaires.

Centrage de titre

Tout document qui se respecte doit être chapeauté par un titre bien centré. De surcroît, il doit être subdivisé en paragraphes.

Pour centrer un titre, placez le **Curseur** sur la première lettre du titre, puis:

• Actionnez tout simplement l'icône ▨

70

Et voilà, automatiquement le titre est centré par rapport aux marges de gauche et de droite de la page. (Si vous modifiez ultérieurement ces marges, le titre se déplacera en conséquence.)

Petit truc:
Si votre titre est trop long, vous le verrez couler sur la ligne suivante. Pour obtenir une belle disposition, vous avez intérêt à le scinder en deux (ou plus). Placez alors le **Curseur** à peu près au centre du titre et pesez sur la touche **<Retour>** (ou **<Enter>**). La portion qui se trouvait à la droite du **Curseur** descend alors à la ligne suivante et sera automatiquement centrée.

Création de paragraphes

Passons maintenant à l'étape de la création des paragraphes.

À l'école primaire, nous avons appris qu'un paragraphe doit contenir une idée principale. D'une manière (très) générale, un paragraphe fait «quelques» lignes et contient deux, trois ou quatre phrases...

En relisant votre texte, vous constaterez qu'il y a plusieurs idées principales, donc plusieurs paragraphes.

Pour séparer le texte, placez le **Curseur** immédiatement après le point de la phrase qui terminera ce paragraphe.

• Appuyez sur la touche **<Retour>** (ou **<Enter>**). Vous verrez que le texte à droite du curseur est reporté à la ligne suivante. Vous venez de créer un nouveau paragraphe.

Vous avez ensuite deux possibilités pour améliorer la présentation de votre texte. Vous pouvez *séparer* chaque paragraphe par une ligne blanche et/ou les *amorcer* en laissant quelques espaces (autrement dit: créer un alinéa).

Pour créer une ligne blanche entre chaque paragraphe, placez le **Curseur** immédiatement après le point de la dernière phrase du paragraphe et pesez sur la touche **<Retour>**. Voyez: une ligne blanche apparaît.

Pour créer un alinéa, placez le **Curseur** sur la première lettre du paragraphe et tapez sur la touche **<Tab>** (située à la gauche du clavier alphabétique).

Attention! En actionnant la touche **<Tab>**, il se pourrait que le nombre d'espaces créés soit trop grand (par exemple, le texte de la première ligne du paragraphe pourrait être décalé de dix ou quinze lettres par rapport à celui de la ligne

suivante). Pour y remédier, il faut modifier les
tabulateurs, de la façon suivante:

- Placez le **Curseur** au début du texte (ou au
  début de la page).

- Pointez la **Règle** qui se trouve sous les séries
  d'icônes et cliquez à sa base. Vous n'avez
  alors qu'à déplacer convenablement la marque
  du tabulateur appropriée (voir explications
  additionnelles dans **?**).

Notons que manipuler la fonction des tabulateurs
n'est pas chose facile, car il s'agit d'une fonction
qui comporte de nombreuses subtilités (fort utiles
selon ce que vous voulez faire). Aussi, les
manuels du fabricant vous fourniront de pré-
cieuses informations.

* * * * *

Voilà que notre petit texte commence à prendre forme.

Si on s'est bien compris jusqu'à présent, le texte devrait plus ou moins ressembler à ceci.

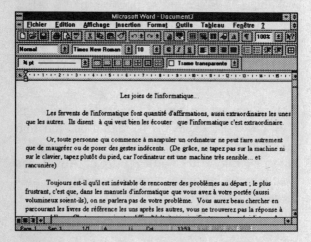

Le «pinceau»: mettre un peu d'ordre et de clarté

Évidemment, en relisant le texte, on se rend compte qu'il y a encore beaucoup de retouches à y apporter, notamment au plan de la logique. On constate ainsi que les deux derniers paragraphes ne sont manifestement pas dans le bon ordre. Qu'à cela ne tienne, nous allons y remédier!

Nous allons maintenant «sortir le pinceau».

- Placez la flèche de la souris au début de l'avant-dernier paragraphe (celui qui commence par «Troisième façon de...»). Cliquez sur le bouton de la souris et retenez la pression sans lâcher.

- Glissez alors la souris de gauche à droite et de haut en bas. Vous verrez alors le texte se «colorer» et devenir blanc sur fond noir.

- Une fois que vous avez contrasté tout le paragraphe, lâchez la touche de la souris (le texte demeure «coloré»).

- Allez alors dans le menu **Edition** et cliquez sur **Couper**. Remarquez que le texte que vous avez coloré a disparu.

- Placez la flèche de la souris (ou le **Curseur**) à l'endroit où vous désirez placer le texte (c'est-à-dire, dans le cas présent: une ligne après la fin du texte), puis cliquez sur l'icône **Coller** dans le menu **Edition**.

Vous verrez apparaître le texte du troisième paragraphe immédiatement après le **Curseur**. (Au besoin, ajoutez une ligne blanche et un tabulateur pour l'alinéa.)

Et voilà que notre texte prend de plus en plus forme. Nous allons maintenant y apporter quelques raffinements.

Chapitre 6

L'art de bien faire les choses

Polices de caractères

À présent, nous allons modifier ce qu'on appelle en langage de traitement de texte les «polices de caractères» – ou, plus communément, le style des lettres. Selon l'imprimante que vous utilisez, vous avez le choix d'un certain nombre de styles de lettres (meilleure est votre imprimante, plus vous aurez de choix).

De surcroît, vous avez plus ou moins le choix de la grosseur des lettres. Ainsi, si vous possédez une imprimante à aiguilles, votre choix sera moindre que si vous utilisez une imprimante laser. Dans ce cas, non seulement aurez-vous un grand choix de polices, mais vous pourrez déterminer la grosseur des lettres avec précision.

Examinez maintenant les choix des polices que vous procure votre imprimante. Il y a deux façons d'y parvenir:

- Choisissez le menu **Format**, puis **Caractères**.

L'écran suivant apparaîtra:

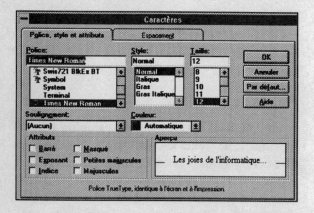

- Faites alors défiler la liste des polices de caractères.

Maintenant que vous avez une bonne idée des polices dont vous disposez, nous allons les utiliser.

En tout premier lieu, nous allons grossir le titre de notre document. Imaginons, pour les besoins de notre exposé, que vous disposez de la police

80

Times New Roman (un caractère très lisible, soit dit en passant).

- Contrastez le titre et sélectionnez la fonction **Caractères** dans le menu **Format**.

- Sélectionnez la police désirée (par exemple: **Times New Roman**).

- Sélectionnez ensuite la taille du caractère (choisissez, pour notre exemple, 48).

- Cliquez sur **[OK]**.

Et voilà! Remarquez que la grosseur des lettres du titre s'est modifiée.

Gras, souligné et italique

Maintenant, lorsqu'on lit le texte attentivement, on aurait envie de faire ressortir certains mots ou certaines phrases. Il semble en effet pertinent de mettre en caractères gras les passages appropriés, d'en mettre d'autres en italique et, pourquoi pas, de souligner au moins quelques vérités.

Toutes ces opérations sont très faciles. Il est même possible de les combiner; vous pourriez <u>souligner</u>, mettre en caractères **gras** et en *italique* un mot ou même une phrase! (Voilà toutefois qui serait un peu exagéré, mais qui peut se faire sans problème.)

En effet, avec un traitement de texte, c'est un jeu d'enfant. La beauté du système est que vous pouvez décider à votre guise de faire ce que vous voulez *après* avoir écrit votre texte.

Supposons, par exemple, que vous désirez mettre en caractères gras la fin de la phrase du premier paragraphe (c'est-à-dire: «que l'informatique c'est extraordinaire.»).

- Colorez ce bout de phrase à l'aide de la souris, puis cliquez sur l'icône ▨.

Et voilà! Ces mots sont désormais en caractères gras.

Maintenant, vous désirez souligner le passage «ne tapez pas sur la machine ni sur le clavier» que l'on retrouve au deuxième paragraphe.

- Selon le même principe, colorez la phrase, puis cliquez sur l'icône ▨.

Faites de même, pour mettre en italique le mot «insignifiante» du troisième paragraphe:

- Colorez-le et cliquez sur l'icône ▨.

Ajoutons que cette procédure s'emploie dans une foule de situations. Par exemple, si vous désirez changer le caractère de police dans une portion déterminée de texte, vous n'avez qu'à colorer celle-ci, puis à choisir la police désirée. Vous constaterez alors que le texte qui vient par la suite n'a pas été modifié.

Notre texte ressemble maintenant à peu près à ceci:

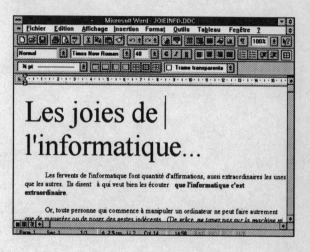

Chapitre 7

Comment faire
une belle mise en page

Au cours des chapitres précédents, nous avons travaillé dans le texte. À présent, nous allons nous occuper de sa présentation générale; c'est-à-dire que nous allons utiliser des fonctions qui affectent l'*ensemble* du texte. Vous allez voir que, à la suite de ces changements, celui-ci n'aura plus la même allure: il n'aura même plus rien à voir avec ce qu'on peut faire à la machine à écrire. Vous verrez toute la puissance d'un logiciel de traitement de texte.

Et, en fin de chapitre, le résultat que nous aurons obtenu sera si parfait que nous pourrons procéder au moment magique... de l'impression.

Attention au Curseur!

Mais, avant d'amorcer ces changements, nous devons vous adresser une mise en garde très importante.

Au chapitre 1 – dans la section réservée au **Curseur** –, nous vous avons prévenu que l'endroit où celui-ci se trouve lorsqu'on désire effectuer une opération est très important. Vous avez depuis constaté ce fait avec les modifications apportées.

Toutefois, c'est maintenant que la notion de la position du **Curseur** prend toute son importance. En effet, nous visons à faire des modifications qui touchent *l'ensemble de la page*; il faut donc placer celui-ci au *début* de la page.

Un bon conseil: lorsque vous entreprenez de modifier une page, prenez la peine de vérifier que le **Curseur** soit à la bonne place. (Sinon, vous devrez recommencer vos opérations!)

Les marges

Nous allons commencer par modifier les marges d'après lesquelles le texte se trouve disposé. Disons, d'entrée de jeu, qu'il existe plus d'une façon de modifier les marges; nous choisissons pour notre part une méthode qui est fort simple.

Cliquez sur **Mise en page** dans le menu **Fichier** ou placez la flèche de la souris au début de la règle (à environ un centimètre du début de l'écran), et cliquez rapidement deux fois.

Apparaît alors un tableau intitulé «Mise en page»:

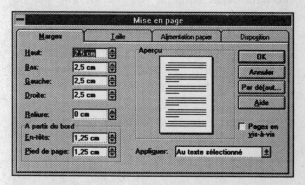

Remarquez que la portion gauche de ce tableau est occupée par une aire appelée «Marges». Les marges supérieure, inférieure, gauche et droite sont normalement fixées à 2.5 centimètres (ou à 1 pouce). C'est le standard habituel.

Cependant, si vous le désirez, vous pouvez modifier les marges selon vos goûts. Essayez, c'est facile.

Note: Après vous être «amusé» à modifier les marges et avoir observé l'effet que cela produit sur l'ensemble du texte, nous vous suggérons de les laisser à 2.5 cm/1 po.

89

- Quittez cette option en cliquant sur le bouton **[OK]** situé à droite du tableau.

La justification

Rassurez-vous, nous ne vous demandons pas de *vous* justifier, mais plutôt de justifier le *texte*.

De quoi parle-t-on au juste ?

La justification d'un texte est l'allure que prennent les bords gauche et droit de celui-ci. On dit ainsi du texte imprimé que vous lisez présentement qu'il est «justifié à gauche et à droite»: c'est-à-dire que ses bords gauche et droit sont... bien alignés.

Par comparaison, le texte sur lequel nous sommes en train de travailler est justifié à gauche, mais pas à droite. On dit de la marge de droite qu'elle est «en drapeau» – elle s'apparente à un drapeau qui flotte au vent.

Grâce à ce logiciel de traitement de texte, vous pouvez justifier un texte comme bon vous semble:

- vous pouvez le justifier de part et d'autre (comme on le voit généralement dans les documents imprimés);

90

- vous pouvez le justifier uniquement à gauche (comme on le voit généralement dans une lettre tapée à la machine à écrire);

- vous pouvez le justifier uniquement à droite, et laisser le côté gauche flotter tel un drapeau (voilà qui est joli mais rarement utilisé.);

- vous pouvez même laisser les deux côtés en drapeau (chaque ligne de texte se trouve alors centrée par rapport aux marges)!

Les fonctions permettant de disposer votre texte d'une façon ou d'une autre figurent sous forme de quatre icônes.

Les quatre icônes suivantes servent à:

▤: justifier le côté gauche du texte;
▥: centrer le texte par rapport aux marges;
▦: justifier le côté droit;
▧: à aligner les deux côtés du texte.

Pour mettre en pratique cette notion:

- Colorez votre document en entier à l'exception du titre.

- Essayez l'une ou l'autre de ces formes de justification et observez ce qu'il advient du texte. Remarquez aussi que, lorsque vous sélectionnez une justification, l'action est instantanée. Ceci montre la puissance de votre ordinateur.

Toutefois, après vous être familiarisé avec les justifications, nous vous proposons de choisir l'option permettant de justifier des deux côtés, afin de donner au texte les apparences d'un texte imprimé.

Voilà que notre texte s'améliore de plus en plus. Nous allons maintenant procéder à un changement de taille; nous allons le mettre en colonnes.

Les colonnes

Tout document imprimé qui se respecte doit être disposé en belles colonnes bien droites (justifié à gauche et à droite). Voilà une opération impossible à faire à la machine à écrire (à moins de disposer d'*énormément* de temps). Pourtant, cette opération se réalise en quelques secondes grâce au logiciel de traitement de texte.

• Accédez au menu **Format** et choisissez l'option **Colonnes**.

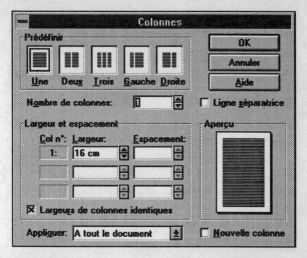

Au haut du tableau figure la section «Prédéfinir» qui nous propose cinq types de mises en colonnes (à savoir: «<u>U</u>ne», «Deu<u>x</u>», «<u>T</u>rois», «<u>G</u>auche» et «<u>D</u>roite») au-dessus desquels figure un dessin illustrant le résultat de chacune.

Si vous désirez l'une de ces options, cliquez simplement dessus. Étant donné que c'est notre cas (puisque la mise en page de notre texte en deux colonnes nous conviendrait très bien), choisissez l'option «<u>**Deux**</u>».

• Cliquez sur [**OK**].

Notez bien que si vous désirez d'autres types de colonnes, tout est pratiquement réalisable. En effet, sous cette section, figure une case vous permettant d'indiquer le nombre de colonnes que vous désirez et, plus bas, vous pouvez définir la largeur de chacune de celles-ci (vous pouvez donc produire des colonnes de largeurs différentes).

Remarquez qu'une autre case vous permet de déterminer si la mise en colonne s'applique à tout le texte, ou à une portion de celui-ci, ou à des tableaux, etc. Vous pouvez aussi demander que chaque colonne soit séparée par un trait.

Bordure et trame de fond

Nous allons maintenant faire ressortir notre texte en l'entourant d'un cadre et en mettant une légère trame en fond. Pour ce faire:

- sélectionnez votre document en entier;

- allez dans le menu **Format** et choisissez l'option **Bordure et trame**;
  Apparaît alors un tableau assez semblable à celui des colonnes et dans lequel nous définirons l'apparence que nous donnerons à notre texte.

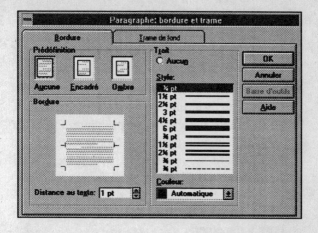

La première aire, dite «**B̲ordure**» nous propose
trois types d'encadrement: «**A̲u̲cune**»,
«**E̲ncadré**», «**O̲mbre**».

- Choisissez **Encadré**, et vous verrez votre texte
  encadré par un trait (vous pouvez modifier le
  style de ce trait en allant piger dans l'aire de
  droite).

Remarquez l'onglet portant le nom **T̲rame de
fond**. Lorsque vous cliquez dessus, différents
choix de trames de fond sont offerts. Choisissez
– en cliquant avec la souris – celui (ou ceux) qui
vous plaît (nous vous suggérons, pour notre part,
de mettre une trame de 10 %).

Une fois que vous aurez complété vos choix, sortez de cette option en cliquant sur le bouton **[OK]**.

Regardez votre texte: Ne prend-il pas des allures «professionnelles»?

Il y a cependant un petit problème: le titre du texte se trouve placé dans la première colonne. Or, on voudrait qu'il chapeaute tout le texte.

Nous allons remédier à ce problème... qui vient du fait que nous avons actionné la fonction des colonnes en ne précisant pas où on voulait qu'elle s'amorce.

Pour y remédier:

- désactivez les colonnes en sélectionnant **Une** dans l'élément **Colonnes** du menu **Format** puis en cliquant **[OK]**;
- placez le **Curseur** au début du premier paragraphe;
- réactivez la fonction **Colonnes** dans le menu **Format;**
- cliquez sur **Deux**;
- rendez-vous dans l'aire qui se trouve au bas du tableau, appelée «**Appliquer**», cliquez sur le bouton de droite et choisissez la mention «**À partir de ce point**».

En sortant du tableau, en cliquant sur **[OK]**, vous verrez que les colonnes n'englobent plus le titre (centrez celui-ci, si nécessaire).

La césure

Pourquoi ne pas imprimer immédiatement notre texte ?

Nous pourrions le faire, mais regardez-le attentivement et lisez-en quelques lignes.

Vous constaterez un petit défaut. Afin de faire des colonnes bien droites (c'est-à-dire justifiées à gauche et à droite), l'ordinateur a dû répartir un certain nombre d'espaces blancs dans chaque ligne. Il arrive par conséquent que certaines lignes soient très «espacées». Et ce n'est pas toujours joli.

On pourrait remédier à ce problème en ajoutant des traits d'union (afin d'ajouter des lettres sur les lignes qui en manquent).

Cependant, cette tâche serait à la fois ardue et délicate. Word nous offre quant à lui une solution toute simple: avec notre permission, il ajoutera automatiquement des traits d'union là où le besoin s'en fera sentir. (De même, si on modifie par la suite le texte et que certains traits d'union ne sont plus nécessaires, il les enlèvera automatiquement.)

Cette option s'appelle Césure (coupure de mots). Elle s'obtient de la façon suivante:

• allez dans le menu **Outils**;

- choisissez l'option **Coupure de mots**. L'écran suivant apparaîtra:

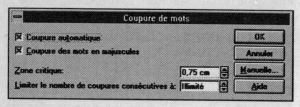

- cliquez sur **Coupure automatique**, puis sortez en cliquant le bouton **[OK]**.

Note: Il arrive parfois que Word ne sache pas où mettre un trait d'union. Il vous le demandera. Vous pouvez déplacer le trait d'union qu'il vous propose à l'aide des touches fléchées **<–>** ou **<–>** et l'accepter en tapant sur **<Retour>**, ou encore refuser l'ajout du trait d'union.

Admirez maintenant notre texte. De mieux en mieux, n'est-ce pas?

Ajustement de colonnes

Un dernier problème se pose encore: les colonnes ne sont pas d'égale longueur.

Qu'à cela ne tienne, nous solutionnerons cette anomalie d'une façon très simple, puisque Word s'en charge lui-même lorsqu'on le lui demande!

Pour ce faire:

- assurez-vous que vous êtes en mode **Page**, en allant vérifier dans le menu **Affichage** la présence d'un point (.) à la gauche de cette mention (si tel n'est pas le cas, cliquez sur cette option, et vous verrez apparaître le point);

- placez le **Curseur** à la fin du texte en colonnes;

- accédez au menu **Insertion** et choisissez l'option **Saut**;

Apparaît alors l'écran suivant:

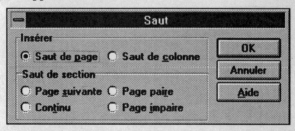

- dans cet écran, cliquez sur le bouton «[Conti**n**u]», et sortez en cliquant sur **[OK]**.

Et voilà! Vous constaterez que Word a disposé votre texte en colonnes égales.

Notre texte est maintenant bien disposé. Nous allons l'imprimer.

L'impression d'un document

L'impression d'un document est une opération très simple (à condition toutefois que votre imprimante soit en fonction et alimentée en papier).

- Accédez au menu d'impression, soit:
  Allez au menu **Fichier** et choisissez l'option **Imprimer**,
  ou
- Actionnez l'icône 🖼.

Apparaît alors le tableau suivant:

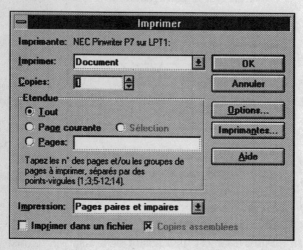

Vous pourriez modifier divers paramètres (par exemple: le nombre de copies que vous voulez produire, la qualité d'impression, etc.).

Toutefois, en regardant les paramètres proposés, vous constaterez (normalement) qu'ils sont adéquats.

- Tout en n'oubliant pas d'allumer votre imprimante et de l'alimenter en papier, tapez simplement sur la touche **\<Retour\>** (ou cliquez sur le bouton **[OK]**)... et attendez.

Si tout se déroule normalement, votre document s'imprimera (sinon, consultez vos manuels d'imprimante ou le chapitre Impression du guide de l'utilisateur).

- Le texte imprimé devrait avoir l'allure suivante:

Chapitre 8

Eurêka!
Nous y sommes parvenus...

Nous venons de compléter un bon tour d'horizon de Word 6.0 pour Windows. Cependant, comme vous l'avez sans doute réalisé, il reste quantité de notions à voir.

Notre petit guide d'introduction vous fournit une excellente idée de ce que Word peut faire pour vous. Vous avez en effet assimilé les principales fonctions, mais surtout, vous connaissez maintenant les principes de fonctionnement du logiciel. Vous êtes capable de continuer votre exploration avec succès. Ce serait en outre une excellente idée de parcourir l'option **Présentation rapide** offerte dans le menu **?**. Vous êtes à présent mieux placé pour apprécier la puissance du logiciel.

Évidemment, nous aurions pu continuer à passer en revue d'autres fonctions de Word en vous décrivant leur mode de fonctionnement (qui est cependant toujours assez semblable). Nous sommes cependant convaincu que vous connaissez suffisamment la marche à suivre pour explorer de nouvelles fonctions.

Nous considérons toutefois, avant de terminer, qu'il serait intéressant de vous livrer quelques notions supplémentaires – et quelques trucs additionnels – sans vous les expliquer en détail.

Le clavier: encore quelques petits trucs

Nous avons notamment mentionné, au chapitre 1, que le clavier comporte un bloc de touches appelées: <Insert>, <Delete>, <Home>, <End>, <Page Up> et <Page Down>. (C'est en fait le cas des claviers dit «étendus»; pour les claviers normaux, ces touches se retrouvent incorporées au bloc numérique, situé à la droite du clavier.)

Nous allons brièvement parler de ces touches.

- La touche <Insert> sert à «insérer» du texte, c'est-à-dire qu'après l'avoir actionnée, le texte que vous tapez prend la place de celui déjà inscrit. En quoi est-ce utile? Lorsque vous devez remplacer un mot par un autre, vous pouvez:

- effacer le mot écrit (avec la touche **<Backspace>**) puis taper ensuite le nouveau mot, ou
- actionner la touche **<Insert>** et taper directement le nouveau mot (qui «mange» alors celui déjà inscrit).

- Pour désactiver cette touche, tapez-la une seconde fois.

- La touche **<Delete>** joue le même rôle que **<Backspace>**, c'est-à-dire qu'elle permet d'effacer des caractères.

- Quant aux touches **<Page Up>** et **<Page Down>**, elles permettent évidemment d'aller à la page précédente du texte et à la page suivante.

Les dictionnaires

Une autre grande possiblité de Word dont nous n'avons pas encore traité: les dictionnaires. Voilà des outils extrêmement précieux. D'une part, lorsque vous composerez un texte, Word fournira sur demande des synonymes – ce qui est parfois fort utile lorsqu'on est à court de vocabulaire...

D'autre part, une fois que vous avez (plus ou moins) terminé la rédaction d'un texte, vous pouvez le faire réviser par Word. Celui-ci compare alors tous les mots que vous avez écrits avec ceux de son dictionnaire et il vous indique ceux qu'il ne connaît pas – tout en vous suggérant plusieurs possibilités (Word considère alors que vous avez possiblement fait une faute d'orthographe). Cette fonction permet de corriger les erreurs simples – comme l'oubli ou l'ajout d'une lettre dans un mot.

Nous vous invitons fortement à explorer l'option des dictionnaires que met à votre disposition Word (voir à cet effet dans le menu **Outils**, les options **Orthographe**, <u>**G**</u>**rammaire**, etc.). Plus vous vous en servirez, plus vous serez satisfait.

Notez toutefois que Word ne corrige pas les fautes d'accord ni les erreurs de sens. Par exemple, il laissera passer sans hésiter «les fleur Étaient poussés», car, pour sa part, tous ces mots existent. Souvenez-vous donc qu'aucune machine ne remplace encore l'expertise humaine... particulièrement en français!

Tableaux, graphiques, illustrations

Comme vous pouvez le voir dans le menu principal de Word, il est possible de produire et d'intégrer des tableaux, des graphiques et même d'illustrer vos textes.

Ce sont, soit dit en passant, des fonctions assez complexes à manipuler mais qui permettent presque de faire des miracles. Selon vos besoins, entraînez-vous à créer des tableaux ou des graphiques; vous améliorerez de la sorte grandement la présentation de vos travaux.

Vous pouvez aussi «importer» des illustrations (dessins ou photos) que vous aurez produites à partir d'un autre logiciel ou pigées dans une banque informatisée. Selon ce que vous désirez faire, consultez le chapitre 15 du *«Guide de l'utilisateur»*.

Notes de bas de page et de fin de document

Lorsqu'on rédige un travail sérieux, il est fréquent d'avoir à inscrire des notes au bas des pages (pour apporter, par exemple, une précision additionnelle sans alourdir le texte) et indiquer des références à la fin du texte.

Avec Word, vous pouvez très bien faire cela. Vous pouvez notamment inscrire un symbole de référence à la suite d'un mot (par exemple, un astérisque (*) ou un chiffre en exposant [1]) et demander à Word de mettre la note appropriée au bas de la page *où apparaîtra* ce mot.

Vous verrez, vous prendrez plaisir à produire des documents sur deux ou trois colonnes, bien justifiées, et dans lesquels seront mises au bon endroit les notes de bas de page et les références. Consultez à cet effet, dans le menu **Insertion**, l'option **Renvoi Note**.

En-tête, pied de page et pagination

Vous pouvez également «agrémenter» votre texte d'un en-tête de page, c'est-à-dire d'une mention qui revient en haut de chaque page (comme le titre du document). Vous pouvez même créer différentes mentions d'en-tête (par exemple: un qui chapeaute les pages paires et un autre pour les pages impaires).

Vous pouvez aussi créer des mentions qui seront automatiquement placées au bas de chaque page. On voit fréquemment ce procédé dans les magazines, qui indiquent de cette manière leur titre et la date de publication. La fonction pied de page offre les mêmes possibilités que la fonction d'en-tête.

Pour compléter votre présentation, vous pouvez paginer automatiquement votre texte, et de plusieurs façons (placer le numéro en haut ou en bas, à gauche, au centre ou à droite, de manière différente selon qu'il s'agisse de pages paires et impaires, etc.). Vous pouvez même combiner cette fonction avec les précédentes et obtenir exactement ce que vous désirez.

Pour en savoir davantage sur ces fonctions, consultez, dans le menu **Affichage**, l'option **En-tête** et **pied de page**.

Enveloppes et étiquettes

Word vous aide également dans votre correspondance. Vous pouvez notamment combiner une lettre que vous avez tapée avec une liste de personnes avec lesquelles vous devez correspondre; c'est-à-dire que si vous désirez envoyer la même lettre à plusieurs personnes, le logiciel se chargera lui-même d'inscrire le nom et l'adresse d'un destinataire différent sur chaque lettre imprimée.

De même, il vous permet de créer vos propres étiquettes, et de les combiner à vos envois postaux.

Jetez donc un coup d'oeil sur les fonctions **Fusion** et **publipostage** et **Enveloppes** et **étiquettes** en allant dans le menu **Outils**. Consultez le chapitre 29 du *Guide de l'utilisateur*.

* * * * *

Voilà qui termine notre survol du logiciel Word 6.0 pour Windows. Nous espérons vous avoir donné le goût de poursuivre votre exploration. Vous pouvez d'ailleurs continuer en allant à la «Présentation rapide» que propose la fonction **?**. Vous verrez, vous serez étonné de tout ce qu'on propose... et vous y recueillerez sans doute quelques bonnes idées.

Sur ce, un dernier mot avant de se quitter pour de bon.

Pour terminer...

Comme mot de la fin, rappelons qu'un logiciel de traitement de texte tel que Word vous permet de faire pratiquement tout ce que vous imaginerez. Il recèle en effet tant de fonctions – que l'on peut de surcroît combiner entre elles de façon parfois étonnante –, que pratiquement tous les besoins de rédaction et toutes les dispositions de texte peuvent être comblés.

Toutefois, réaliser certaines tâches ne sera pas chose évidente. Il vous faudra acquérir du doigté et de l'astuce. Rappelez-vous cependant toujours qu'un logiciel a fondamentalement une structure logique – c'est-à-dire qu'il fonctionne selon une logique – même si, j'en conviens, cette logique défie parfois la nôtre!

Lorsque vous êtes confronté à un problème, prenez la peine de réfléchir. Arrêtez-vous un instant (laissez même passer une nuit) avant de continuer à bûcher pour vous en sortir. Demandez-vous de quelle façon vous pourriez parvenir à vos fins. Soyez astucieux et n'ayez crainte d'essayer; tentez des tours de passe-passe et vous verrez ce qui arrivera. Essayez, c'est la meilleure façon d'apprendre.

Bien entendu, avant de s'engager à essayer une nouvelle fonction, il est préférable de s'informer. Consultez les ouvrages de formation et de référence, allez voir les fonctions d'aide. Notez toutefois que ces étapes ne sont pas obligatoires; vous pouvez très bien vous lancer sans préparation et voir de quoi il retourne.

Je vous avertis à l'avance: vous vous tromperez sans doute, particulièrement les premières fois, mais vous ne risquerez rien de fatal. Par contre, plus vous «jouerez» avec Word, plus vous comprendrez sa logique et plus vous l'apprécierez.

Un bon conseil: ayez **toujours** (au moins) **deux copies** des fichiers sur lesquels vous travaillez, et n'hésitez jamais à les copier fréquemment. En effet, il est relativement facile de «bousiller» un fichier – surtout au début. En outre, un fichier peut «disparaître» (ou, selon l'ordinateur: être «inaccessible») à tout moment.

114

Si vous en avez une copie récente, vous n'éprouverez aucune frustration – et même plutôt un certain soulagement – en allant récupérer le fichier de secours.

Copier et recopier régulièrement les fichiers sur lesquels on travaille est une excellente habitude à prendre qui devient vite un bon réflexe.

Sur ce, je vous souhaite beaucoup de plaisir et de patience, avec Word... tout en sachant qu'en persévérant, vous obtiendrez des résultats étonnants.

Table des codes ASCII

L'utilité de la fonction **<ALT+#>**

Un petit truc très utile en terminant. Il arrive parfois que vous ayez besoin d'une lettre ou d'un caractère bien particulier. Par exemple, le signe de degré, comme dans la phrase: «Hier, il a fait – 7 °C».

Où se trouve le symbole «°» sur votre clavier ?

Cherchez, cherchez... et bonne chance! (Il ne s'y trouve probablement pas.)

De même, si vous avez besoin de symboles tels que: §, @, ¢, £, 1/2, 1/4, α et π, ne les cherchez pas!

Toutefois, vous pouvez y avoir accès très facilement. Il s'agit d'utiliser la fonction **<ALT+le chiffre approprié>** tiré du tableau suivant:

Tableau des «codes ASCII»

(Tapez: <Alt + #>)

017 ◄	047 /	077 M	107 k	137 ë	167 ‑	197 ┼	227 π
018 ↕	048 0	078 N	108 l	138 è	168 ¿	198 ╞	228 Σ
019 ‼	049 1	079 O	109 m	139 ï	169 ⌐	199 ╟	229 σ
020 ¶	050 2	080 P	110 n	140 î	170 ¬	200 ╚	230 µ
021 §	051 3	081 Q	111 o	141 ì	171 ½	201 ╔	231 τ
022 ▬	052 4	082 R	112 p	142 Ä	172 ¼	202 ╩	232 Φ
023 ↨	053 5	083 S	113 q	143 Å	173 ¡	203 ╦	233 Θ
024 ↑	054 6	084 T	114 r	144 É	174 «	204 ╠	234 Ω
025 ↓	055 7	085 U	115 s	145 æ	175 »	205 ═	235 δ
026 →	056 8	086 V	116 t	146 Æ	176 ░	206 ╬	236 ∞
027 ←	057 9	087 W	117 u	147 ô	177 ▒	207 ╧	237 φ
028 ∟	058 :	088 X	118 v	148 ö	178 ▓	208 ╨	238 ε
029 ↔	059 ;	089 Y	119 w	149 ò	179 │	209 ╤	239 ∩
030 ▲	060 <	090 Z	120 x	150 û	180 ┤	210 ╥	240 ≡
031 ▼	061 =	091 [	121 y	151 ù	181 ╡	211 ╙	241 ±
032	062 >	092 \	122 z	152 ÿ	182 ╢	212 ╘	242 ≥
033 !	063 ?	093]	123 {	153 Ö	183 ╖	213 ╒	243 ≤
034 "	064 @	094 ^	124		154 Ü	184 ╕	214 ╓	244 ⌠
035 #	065 A	095 _	125 }	155 £	185 ╣	215 ╫	245 ⌡
036 $	066 B	096 `	126 ~	156 £	186 ║	216 ╪	246 ÷
037 %	067 C	097 a	127 ⌂	157 ¥	187 ╗	217 ┘	247 ≈
038 &	068 D	098 b	128 Ç	158 Ù	188 ╝	218 ┌	248 °
039 '	069 E	099 c	129 ü	159 ƒ	189 ╜	219 █	249 ∙
040 (	070 F	100 d	130 é	160 á	190 ╛	220 ▄	250 ·
041)	071 G	101 e	131 â	161 í	191 ┐	221 ▌	251 √
042 *	072 H	102 f	132 Ä	162 ó	192 └	222 ▐	252 ⁿ
043 +	073 I	103 g	133 à	163 ú	193 ┴	223 ▀	253 ²
044 ,	074 J	104 h	134 å	164 ñ	194 ┬	224 α	254 ■
045 -	075 K	105 i	135 ç	165 Ñ	195 ├	225 ß	255
046 .	076 L	106 j	136 ê	166 ª	196 ─	226 Γ	256

Par exemple : <ALT+248> = °, <ALT+21> = §, <ALT+64> = @, etc.

117

Index

LES ÉDITIONS LOGIQUES

ORDINATEURS

VIVRE DU LOGICIEL,
    par L.-Ph. Hébert, Y. Leclerc et Mᵉ M. Racicot

L'informatique simplifiée
CORELDRAW SIMPLIFIÉ, par Jacques Saint-Pierre
dBASE IV SIMPLIFIÉ, par Rémi Andriot
L'ÉCRIVAIN PUBLIC SIMPLIFIÉ (IBM),
    par Céline Ménard
LES EXERCICES WORDPERFECT 5.1 SIMPLES &
    RAPIDES, par Marie-Claude LeBlanc
LOTUS 1-2-3 AVANCÉ, par Marie-Claude LeBlanc
LOTUS 1-2-3 SIMPLE & RAPIDE (version 2.4),
    par Marie-Claude LeBlanc
MACINTOSH SIMPLIFIÉ, par Emmanuelle Clément
MS-DOS 3.3 ET 4.01 SIMPLIFIÉ, par Sylvie Roy
MS-DOS 5 SIMPLIFIÉ, par Sylvie Roy
L'ORDINATEUR SIMPLIFIÉ,
    par Sylvie Roy et Jean-François Guédon
PAGEMAKER 4 SIMPLIFIÉ (MAC),
    par Bernard Duhamel et Pascal Froissart
PAGEMAKER IBM SIMPLIFIÉ, par Hélène Adant
PAGEMAKER MAC SIMPLIFIÉ, par Hélène Adant
WINDOWS 3.1 SIMPLIFIÉ, par Jacques Saint-Pierre
WORD 4 SIMPLIFIÉ (MAC), par Line Trudel
WORD 5 SIMPLE & RAPIDE (IBM),
    par Marie-Claude LeBlanc
WORDPERFECT 4.2 SIMPLE & RAPIDE,
    par Marie-Claude LeBlanc
WORDPERFECT 5.0 SIMPLE & RAPIDE,
    par Marie-Claude LeBlanc

WORDPERFECT 5.1 AVANCÉ EN FRANÇAIS,
  par Patrick et Didier Mendes
WORDPERFECT 5.1 SIMPLE & RAPIDE,
  par Marie-Claude LeBlanc
WORDPERFECT 5.1 SIMPLIFIÉ EN FRANÇAIS,
  par Patrick et Didier Mendes
WORDPERFECT POUR MACINTOSH SIMPLIFIÉ,
  par France Beauchesne
WORDPERFECT POUR WINDOWS SIMPLIFIÉ,
  par Patrick et Didier Mendes
EXCEL 4.0 SIMPLIFIÉ, par Jacques Saint-Pierre
SYSTÈME 7 MACINTOSH SIMPLIFIÉ,
  par Luc Dupuis et Dominique Perras
*NORTON UTILITIES & NORTON ANTIVIRUS
  SIMPLIFIÉ*, par Jean Pitre
MS-DOS 6.2 SIMPLIFIÉ, par Sylvie Roy

Les Incontournables
MICROSOFT WORD POUR WINDOWS,
  par Patrick et Didier Mendes
MS-DOS 5, par Sylvie Roy
WINDOWS 3.1, par Jacques Saint-Pierre
WORDPERFECT 5.1, par Patrick et Didier Mendes
LOTUS 1-2-3, par Marie-Claude LeBlanc
SYSTÈME 7 MACINTOSH,
  par Dominique Perras et Luc Dupuy

Notes de cours
DOS 6.0 - Les fonctions de base
EXCEL 4.0 POUR WINDOWS – Cours 1 –
  Les fonctions de base
HARVARD GRAPHICS 1.02 POUR WINDOWS -
  Les fonctions de base
LOTUS 1-2-3 POUR WINDOWS – Cours 1 –
  Les fonctions de base

122

LOTUS 1-2-3 v. 4.0 POUR WINDOWS –
   Cours 1 – *Les fonctions de base*
MICROSOFT WORD 5.1 POUR MACINTOSH –
   Cours 1 – *Les fonctions de base*
MICROSOFT WORD 5.1 POUR MACINTOSH –
   Cours 2 – *Les fonctions intermédiaires*
SYSTÈME 7 MACINTOSH - Les fonctions de base
WINDOWS 3.1 - Les fonctions de base
WORD 2.0 POUR WINDOWS – Cours 1 –
   Les fonctions de base
WORD 2.0 POUR WINDOWS – Cours 2 –
   Les fonctions intermédiaires
WORDPERFECT POUR WINDOWS – Cours 1 –
   Les fonctions de base
WORDPERFECT POUR WINDOWS – Cours 2 –
   Les fonctions intermédiaires
WORDPERFECT POUR DOS – Cours 1 –
   Les fonctions de base
WORDPERFECT POUR DOS – Cours 2 –
   Les fonctions intermédiaires
WORDPERFECT POUR DOS – Cours 3 –
   Les fonctions avancées
WORDPERFECT 6.0 pour DOS – Cours 1 –
   Les fonctions de base

ÉCOLES

APPRENDRE LA COMPTABILITÉ AVEC BEDFORD
   (Tome 1), par Huguette Brodeur
APPRENDRE LA COMPTABILITÉ AVEC BEDFORD
   (Tome 2), par Huguette Brodeur
APPRENDRE LA DACTYLOGRAPHIE AVEC WORD-
   PERFECT, par Yolande Thériault
APPRENDRE LE TRAITEMENT DE TEXTE AVEC
   L'ÉCRIVAIN PUBLIC, par Yolande Thériault

APPRENDRE LE TRAITEMENT DE TEXTE AVEC WORDPERFECT, par Yolande Thériault

HARMONIE-JAZZ, par Richard Ferland

PERVENCHE, par Marthe Simard

Théories et pratiques dans l'enseignement

ORDINATEUR, ENSEIGNEMENT ET APPRENTISSAGE, sous la direction de Gilles Fortier

LES FABLES INFORMATIQUES, par Francis Meynard

PÉDAGOGIE DU JEU, par Nicole De Grandmont

LA FORMATION FONDAMENTALE, sous la direction de Christiane Gohier

LECTURES PLURIELLES, sous la direction de Norma Lopez-Therrien

POUR UN ENSEIGNEMENT STRATÉGIQUE, par Jacques Tardif

LE ROMAN D'AMOUR À L'ÉCOLE, par Clémence Préfontaine

LE JEU LUDIQUE, par Nicole De Grandmont

SOLITUDE DES AUTRES, sous la direction de Norma Lopez-Therrien

LA LECTURE ET L'ÉCRITURE, sous la direction de Clémence Préfontaine et Monique Lebrun

LA FORMATION DU JUGEMENT, sous la direction de Michael Schleifer

LA PHILOSOPHIE ET LES ENFANTS, par Marie-France Daniel

LE SAVOIR DES ENSEIGNANTS, sous la direction de Clermont Gauthier, M'hammed Mellouki et Maurice Tardif

TRANCHES DE SAVOIR, par Clermont Gauthier

LES MODÈLES DE CHANGEMENT PLANIFIÉ EN ÉDUCATION, par Lorraine Savoie-Zajc

127

128